YO ELIJO
Hablar Claro

YO ELIJO SERIE

ELIZABETH ESTRADA

Copyright 2024 por Elizabeth Estrada - Todos los derechos reservados.
Publicado e impreso en Estados Unidos.

Ninguna parte de esta publicación o de la información que contiene puede ser citada o reproducida en forma alguna mediante impresión, escaneado, fotocopia u otros medios sin permiso del titular de los derechos de autor.

Descargo de responsabilidad y condiciones de uso:
Se ha procurado que la información contenida en este libro sea exacta y completa. Sin embargo, el autor y el editor no garantizan la exactitud de la información, el texto y los gráficos contenidos en el libro debido a la naturaleza rápidamente cambiante de la ciencia, la investigación, los hechos conocidos y desconocidos e Internet.

El autor y la editorial no se hacen responsables por errores, omisiones o interpretaciones contrarias del contenido de este libro.

Este libro se presenta únicamente con fines motivacionales e informativos.

YO ELIJO
Hablar Claro

ELIZABETH ESTRADA

No soy igual que tú.
Tú no eres igual que yo.
Porque todos somos diferentes.
Y a veces, no estaremos de acuerdo.

Venimos en muchos tonos de piel,
Negro, marrón, bronceado o blanco.
Mi cara no es como la tuya.
Y está bien, para serte franco.

Podemos hablar diferentes idiomas
Y provenir de tierras extranjeras.
O tal vez hablemos con acentos diferentes
Que a veces pueden parecer barreras.

Los alimentos que nos gustan pueden variar,
Desde lo dulce hasta lo salado,
Con platos que podrías disfrutar,
Pero que yo podría no haber disfrutado.

Hay ricos y pobres entre nosotros,
Y también grandes y chicos.
Algunos pueden preferir el clima cálido,
O realmente disfrutar del frío y los villancicos.

Venimos en diferentes formas y tamaños,
Cómo redondos o delgados,
O bajos o altos o ninguno de ellos,
Pero todos estamos vinculados.

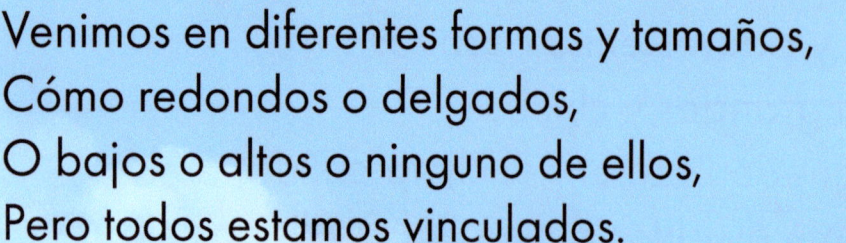

Algunos de nosotros tenemos audífonos
O tenemos mala vista.
No importa, todos somos iguales.
Cada quién es el protagonista.

Puede que tengas problemas para concentrarte,
O seas en realidad, muy inteligente.
Podrías ser bueno en ciencias,
Matemáticas, o excelente en arte.

Y algunos son bastante atléticos,
Siempre corriendo y dando vueltas.
Mientras que otros pueden tener una discapacidad,
Y usan una silla de ruedas.

El mundo está lleno de diferencias.
Las vemos todos los días.
No somos todos iguales, y eso es algo bueno.
Eres especial en todas las categorías.

Pero, aunque seamos diferentes,
No hay excusa para el desprecio.
La discriminación es algo
Que yo no aprecio.

No puedo quedarme en silencio
Cuando sé que tengo una elección.
Enfrentaré una injusticia
Con una voz clara y llena de atención.

Puedo pedirle a la persona que se detenga
Que es odiosa y no está bien,
Y no ve a los demás
Sino por el color de su piel.

O informarle a un adulto sobre
Un bully cualquiera,
Y que cree tener el derecho
De tomar lo que quiera.

Puedo alejarme de la persona
Que está siendo hiriente y desagradable,
Que piensa que es
Para todos es indispensable.

Hablaré por un desconocido.
Hablaré por un amigo.
Por mí mismo y por toda mi familia,
Puedes confiar conmigo.

Y lucharé por mis principios
Y por todo en lo que creo,
Con un poco de valentía,
Quién sabe lo que lograré.

Ya que el mundo es para todos,
Y no debería ser injusto.
Hablo en contra de la injusticia
Porque realmente quiero estar agusto.

www.ingramcontent.com/pod-product-compliance
Lightning Source LLC
Chambersburg PA
CBHW041712160426
43209CB00018B/1807